Iglesias mozárabes : arte español de los siglos IX a XI – Primary Source Edition

Gómez-Moreno, Manuel, 1870-1970,
Madrid. Centro de Estudios Históricos

IGLESIAS MOZÁRABES

ARTE ESPAÑOL
DE LOS SIGLOS IX A XI

POR

M. GÓMEZ-MORENO

LÁMINAS

1919
CENTRO DE ESTUDIOS HISTÓRICOS
MADRID

REPRODUCIDO, GRABADO Y ESTAMPADO
EN LOS TALLERES THOMAS,
DE BARCELONA

ÍNDICE ALFABÉTICO DE LÁMINAS

ÍNDICE

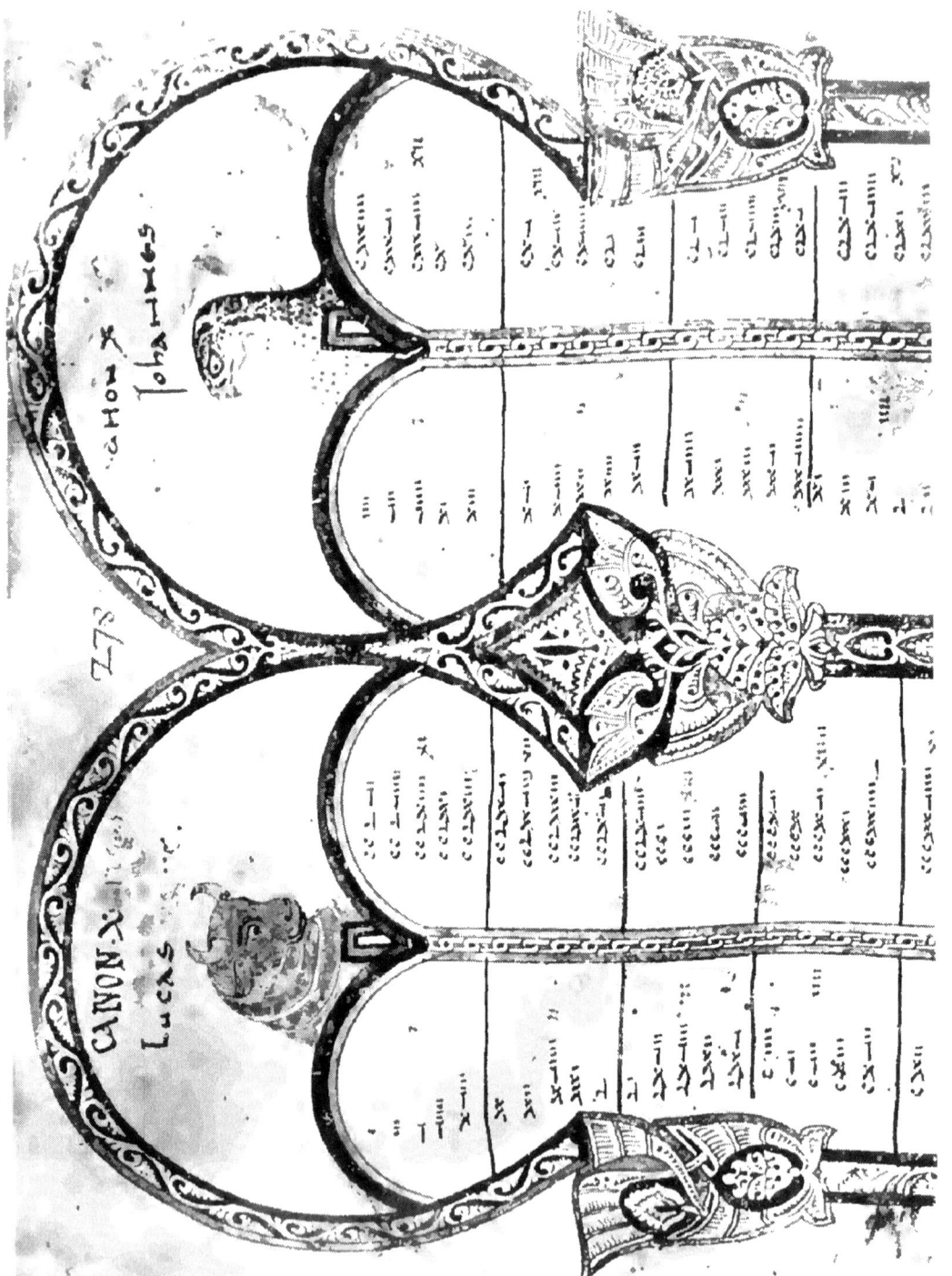

BIBLIA HISPALENSE : DECORACIÓN DE ARCOS, RECUADRANDO EL CANON DE EUSEBIO

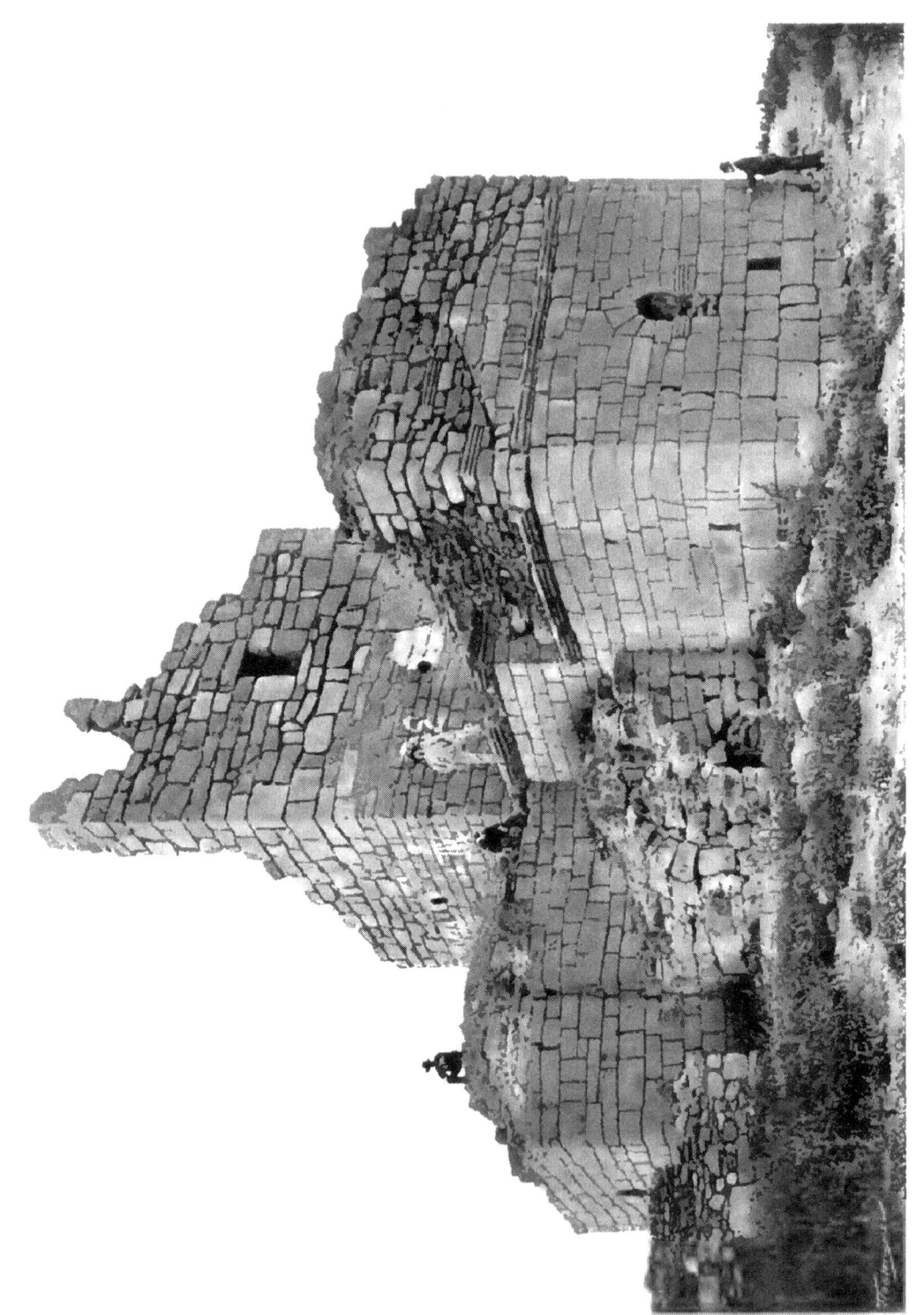

SANTA MARÍA DE MELQUE: TESTERO ORIENTAL

SANTA MARÍA DE MELQUE: COSTADO SEPTENTRIONAL

SANTA MARÍA DE MELQUE: COSTADO MERIDIONAL

SANTA MARÍA DE MELQUE: FACHADA OCCIDENTAL

SANTA MARÍA DE MELQUE: INTERIOR

SANTA MARÍA DE MELQUE: CRUCERO

SANTA MARÍA DE MELQUE: CIMBORIO

MELQUE: VENTANA EN EL BRAZO DERECHO DEL CRUCERO

ID.: OTRAS SOBRE EL CEMENTERIO

MUSEO DE ZARAGOZA: TABLERO DECORATIVO

SAN JUAN DE LA PEÑA: VISTA GENERAL

SAN JUAN DE LA PEÑA: INTERIOR DE LA IGLESIA SUBTERRÁNEA

SAN JUAN DE LA PEÑA: PUERTA DEL CLAUSTRO

SAN MIGUEL DE OLÉRDULA: INTERIOR DE LA CAPILLA PRIMITIVA. (Fot. Mas)

SAN QUIRCE DE PEDRET: TESTERO DE LA IGLESIA

PEDRET: ARCO DE LA NAVE LATERAL

SANTA MARÍA DE MARQUET: INTERIOR

MARQUET: VISTA INTERIOR DESDE SU TESTERO, ANTES DE FALTAR EL RETABLO

(Fot. Mas)

MARQUET: VENTANA DEL TESTERO. (Fot. Mas)

MARQUET: CAPILLA LATERAL. (Fot. Mas)

MARQUET: ARCO DE ENTRADA DE LA CAPILLA LATERAL. (Fot. Mas)

SAN JULIÁN DE BUADA: TESTERO Y FRENTE MERIDIONAL

SAN JULIÁN DE BUADA: INTERIOR. (Fot. Puig)

SAN JULIÁN DE BUADA: INTERIOR, VISTO DESDE SU TESTERO. (Fot. Puig)

SAN SALVADOR DE VALDEDIÓS: EXTERIOR. (Fot. Lampérez)

SAN SALVADOR DE VALDEDIÓS: TESTERO

SAN SALVADOR DE VALDEDIÓS: COSTADO SEPTENTRIONAL

VALDEDIÓS: PÓRTICO LATERAL

SAN SALVADOR DE VALDEDIÓS: CAPITELES DE SU PÓRTICO LATERAL Y PUERTA DE LOS PIES

VALDEDIÓS: CELOSÍAS DE LAS VENTANAS DEL PÓRTICO

SANTA CRISTINA DE LENA: INTERIOR, CON EL ICONOSTASIS

STA. CRISTINA DE LENA: CAPITEL DEL ICONOSTASIS

SAN MARTÍN DE SALAS: PIEDRAS INCRUSTADAS EN EL TESTERO

SAN PEDRO DE ROCAS: SOPORTE DE ALTAR

SAN MIGUEL DE BÁRCENA: EPITAFIO

SAN PEDRO DE LOUROSA: PUERTA LATERAL E INTERIOR. (Fots. Marques Abreu)

SAN PEDRO DE LOUROSA: INTERIOR. (Fot. Marques Abreu)

SAN MIGUEL DE ESCALADA: TESTERO

SAN MIGUEL DE ESCALADA: INTERIOR

SAN MIGUEL DE ESCALADA: INTERIOR, DESDE LA CABECERA

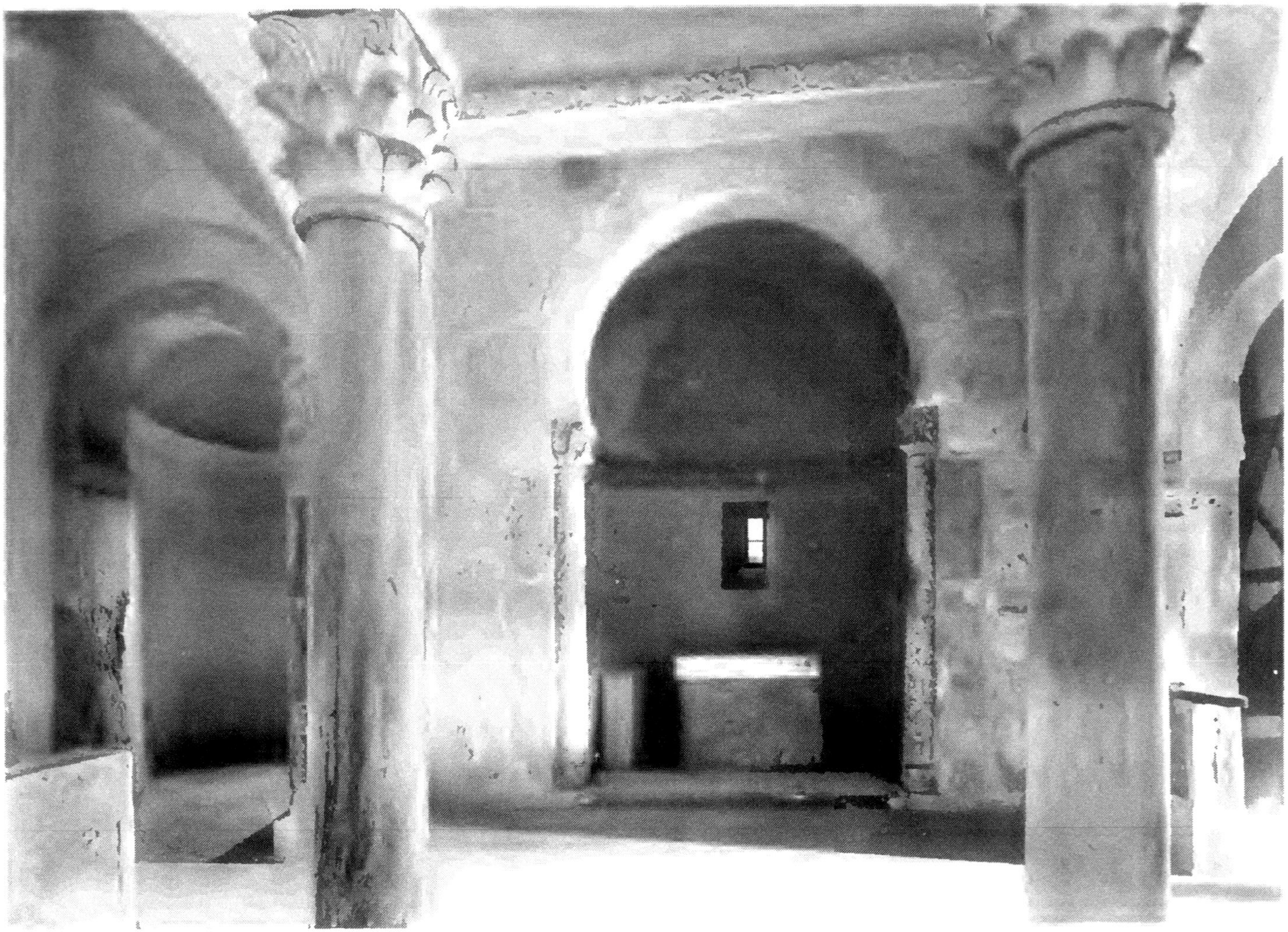

SAN MIGUEL DE ESCALADA: ÁBSIDES

SAN MIGUEL DE ESCALADA: NAVE LATERAL

SAN MIGUEL DE ESCALADA: ARQUERÍAS DE SUS NAVES

SAN MIGUEL DE ESCALADA: PÓRTICO LATERAL

SAN MIGUEL DE ESCALADA: PUERTA DE ENTRADA Y VENTANA DEL PÓRTICO

SAN MIGUEL DE ESCALADA: CAPITELES DE LA IGLESIA, DE TIPO ASTURIANO

SAN MIGUEL DE ESCALADA: CAPITEL DE LAS NAVES Y OTRO DEL PÓRTICO

SAN MIGUEL DE ESCALADA: PRETIL DEL PRESBITERIO

SAN MIGUEL DE ESCALADA: PRETIL DEL PRESBITERIO

SAN MIGUEL DE ESCALADA: PRETIL

SAN MIGUEL DE ESCALADA: PRETIL UTILIZADO COMO DINTEL EN EL PÓRTICO

SAN MIGUEL DE ESCALADA: CAPITELES DEL PÓRTICO

BOÑAR: PRETIL DE LA IGLESIA DE SAN ADRIANO, CONSERVADO EN EL MUSEO DE LEÓN
Y FRAGMENTO DE INSCRIPCIÓN, EN LA LOSILLA

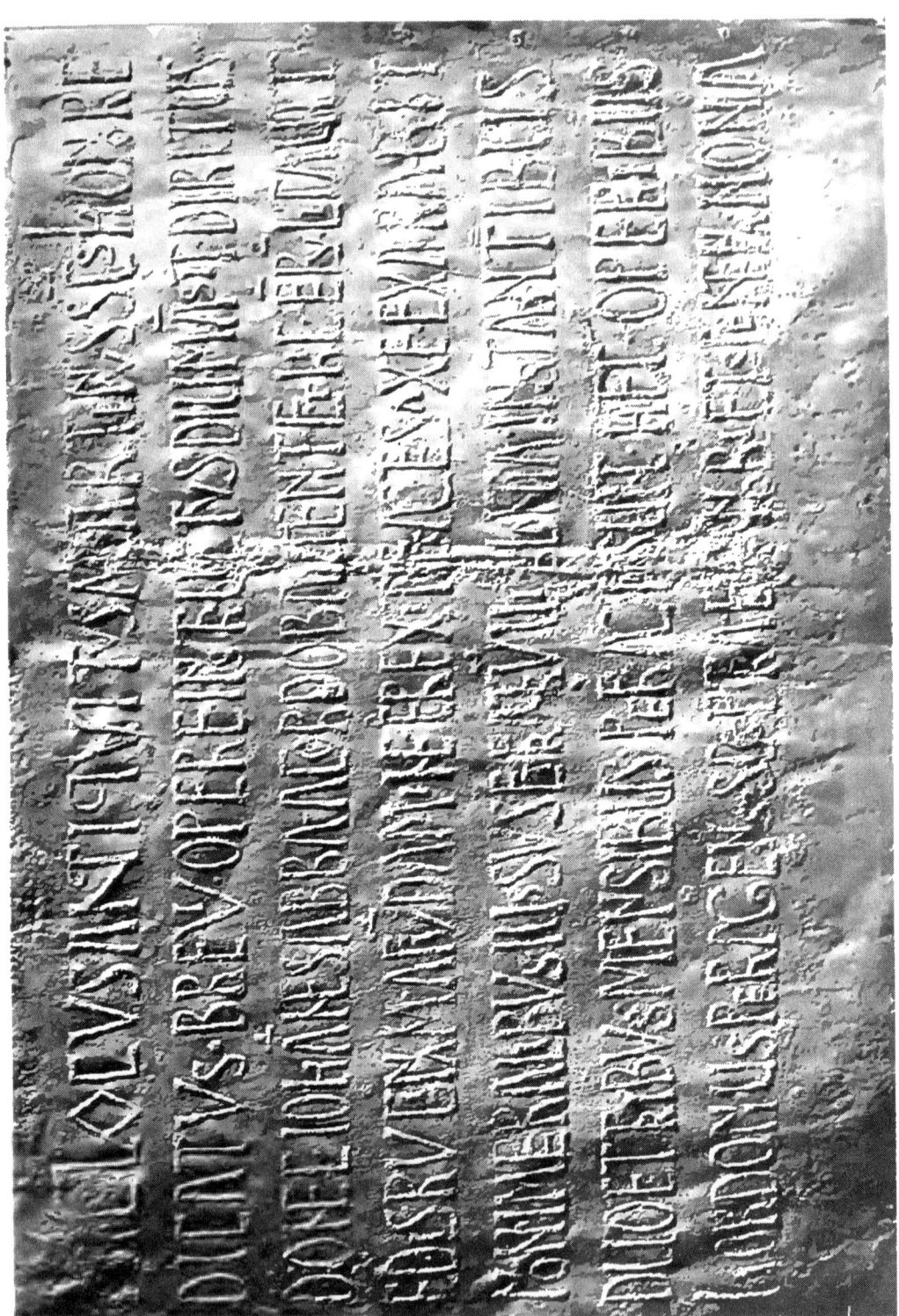

SAN MARTÍN DE CASTAÑEDA: INSCRIPCIÓN HISTÓRICA. (Reproducción de un calco)

SAN CEBRIÁN DE MAZOTE: INTERIOR. (Fot. Bielva)

SAN CEBRIAN DE MAZOTE: CRUCERO Y NAVES. (Fots. Lampérez)

SAN CEBRIÁN DE MAZOTE: ARQUERÍA DE LAS NAVES

SAN CEBRIÁN DE MAZOTE: CAPITELES DE LA CABECERA

SAN CEBRIÁN DE MAZOTE: COLUMNAS DE LAS NAVES. (Fot. Bielva)

SAN CEBRIÁN DE MAZOTE: CAPITEL DE LAS NAVES

SAN CEBRIÁN DE MAZOTE: CAPITEL DE LAS NAVES

SAN CEBRIÁN DE MAZOTE: CAPITEL QUE SIRVE DE PILA Y OTRO PUESTO EN EL CORO

SAN ROMÁN DE HORNIJA: CAPITELES SIRVIENDO DE PILA

SAN ROMÁN DE HORNIJA: CAPITELES PROCEDENTES DE UN MOLINO

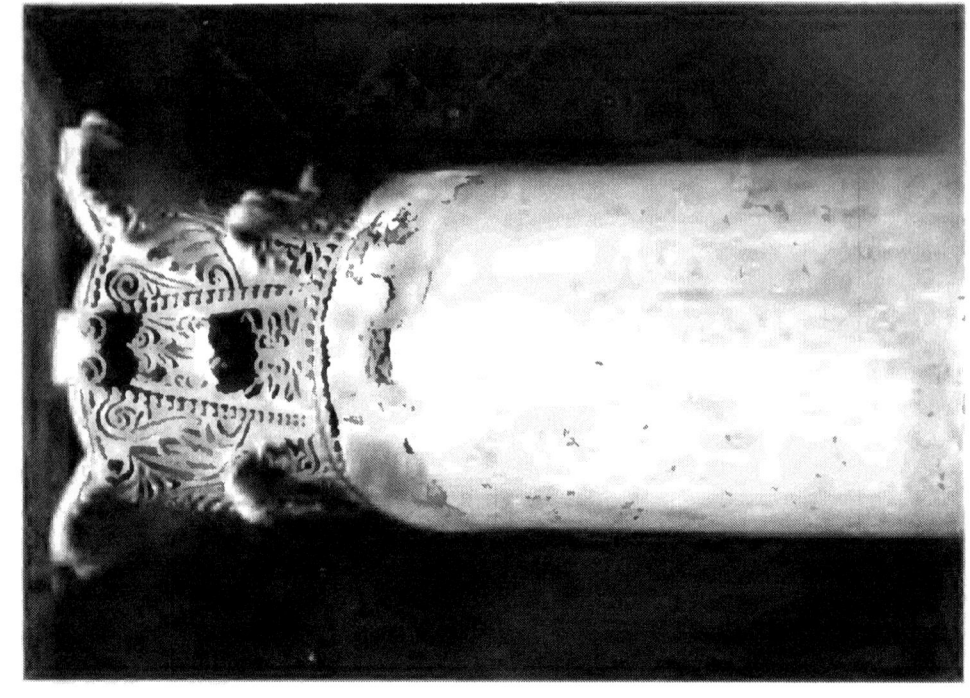

SAN ROMÁN DE HORNIJA: CAPITELES EN UNA CASA

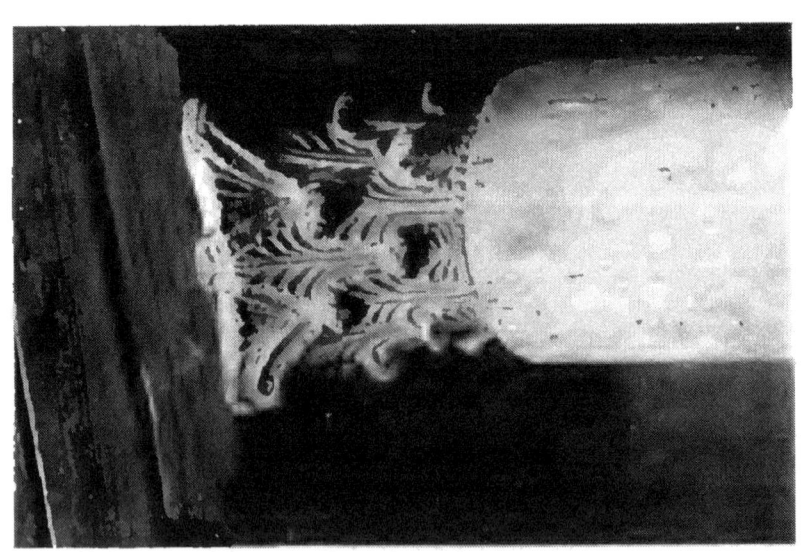

SAN ROMÁN DE HORNIJA: CAPITELES EN UNA CASA

SAN ROMÁN DE HORNIJA: COLUMNA DEL PÚLPITO

TORO: CAPITEL EN LA ERMITA DEL CANTO

BAMBA: TESTERO DE LA IGLESIA DE SANTA MARIA

BAMBA: INTERIOR DE SANTA MARÍA

BAMBA: CRUCERO DE LA IGLESIA

BAMBA: CAPITEL QUE SIRVE DE PILA

SAHAGÚN: CAPITELES Y CIMACIO EN SAN LORENZO

LEÓN: CAPITEL PROCEDENTE DE SAHAGÚN, EN EL MUSEO

LEÓN: CAPITELES PROCEDENTES DE SAHAGÚN, EN EL MUSEO

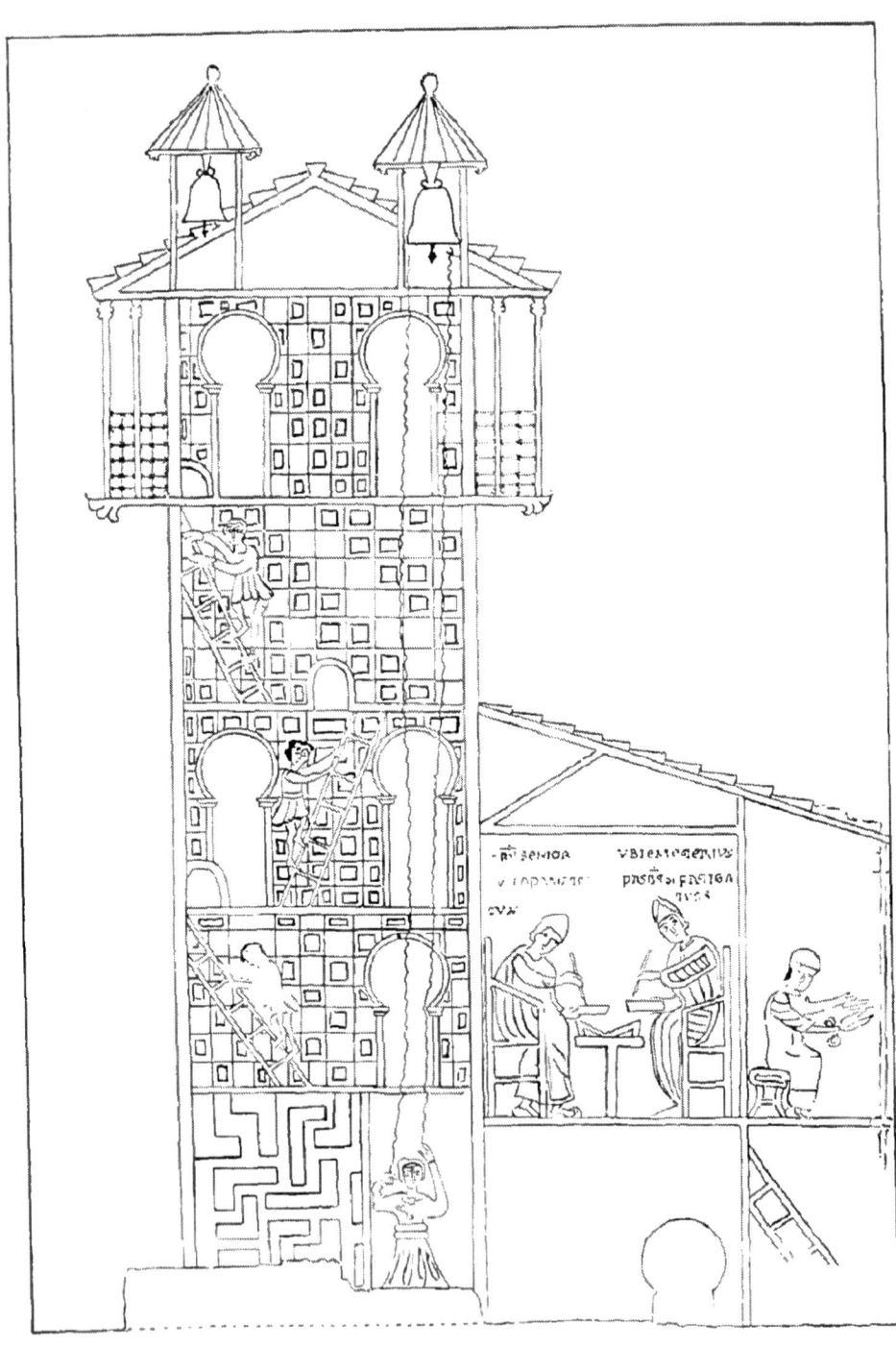

TAVARA: LA TORRE DEL MONASTERIO, SEGÚN MINIATURA DE 970 (calco)

SAN PEDRO DE MONTES: INSCRIPCIÓN HISTÓRICA DE 919

SANTO TOMÁS DE LAS OLLAS: INTERIOR

SANTO TOMÁS DE LAS OLLAS: CAPILLA MAYOR

SANTIAGO DE PEÑALBA: EXTERIOR

SANTIAGO DE PEÑALBA: INTERIOR

SANTIAGO DE PEÑALBA: INTERIOR, DESDE LA CABECERA

SANTIAGO DE PEÑALBA: ENTRADA DE LA IGLESIA

SANTIAGO DE PEÑALBA: ARCOS DE LA ENTRADA, POR FUERA

SANTIAGO DE PEÑALBA: ARCOS DE ENTRADA, POR DENTRO

SANTIAGO DE PEÑALBA: BÓVEDA DEL CRUCERO

SANTIAGO DE PEÑALBA: ARCO Y BÓVEDA DE LA CAPILLA PRINCIPAL

SANTIAGO DE PEÑALBA: CAPITEL DE LA CAPILLA OCCIDENTAL

SANTIAGO DE PEÑALBA: CAPITEL DE LA ENTRADA

CELANOVA: CAPILLA DE SAN MIGUEL Y SU ALERO

CELANOVA: INTERIOR DE LA CAPILLA DE SAN MIGUEL

CELANOVA: BÓVEDA PRINCIPAL DE LA CAPILLA DE SAN MIGUEL

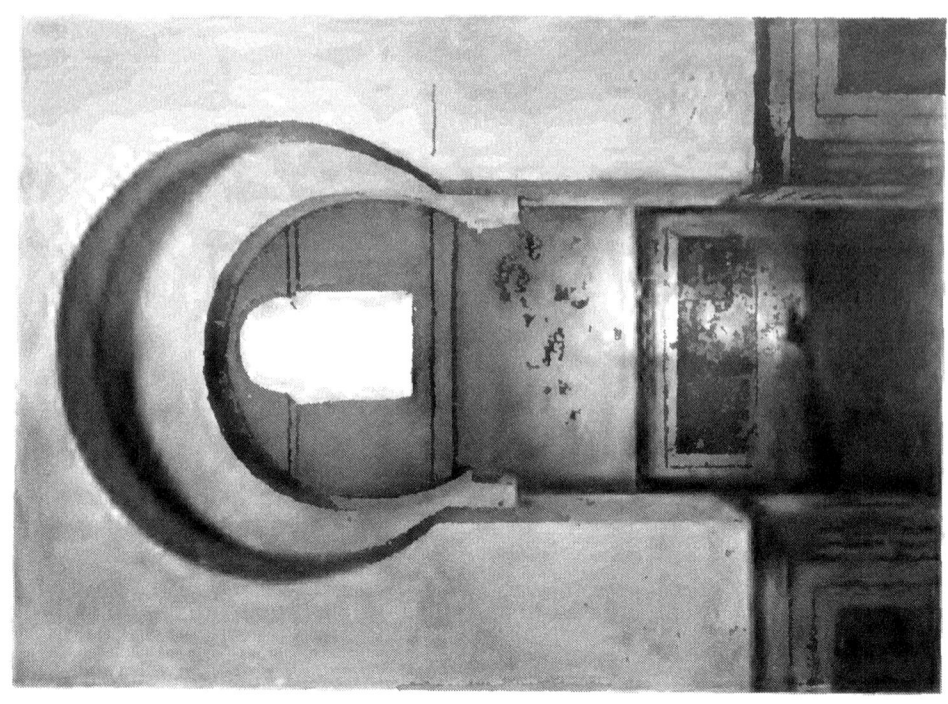

CELANOVA: PUERTA DE ENTRADA Y ARCO MEDIANERO DE LA CAPILLA DE SAN MIGUEL

CELANOVA: ÁBSIDE DE LA CAPILLA DE SAN MIGUEL

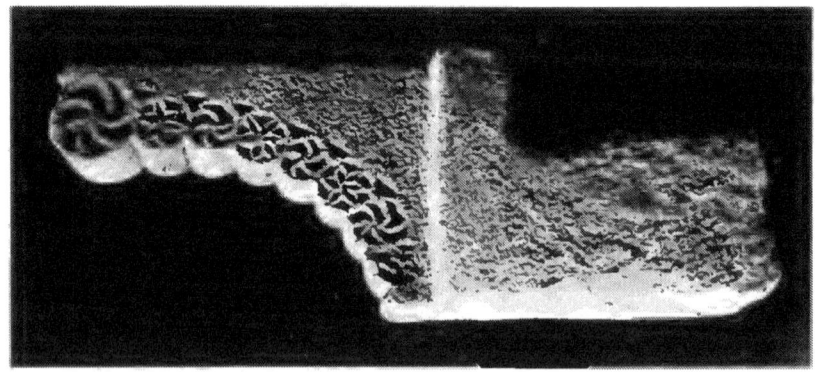

ORENSE: CAPITEL Y MODILLÓN PROCEDENTES DE VILANOVA, EN EL MUSEO

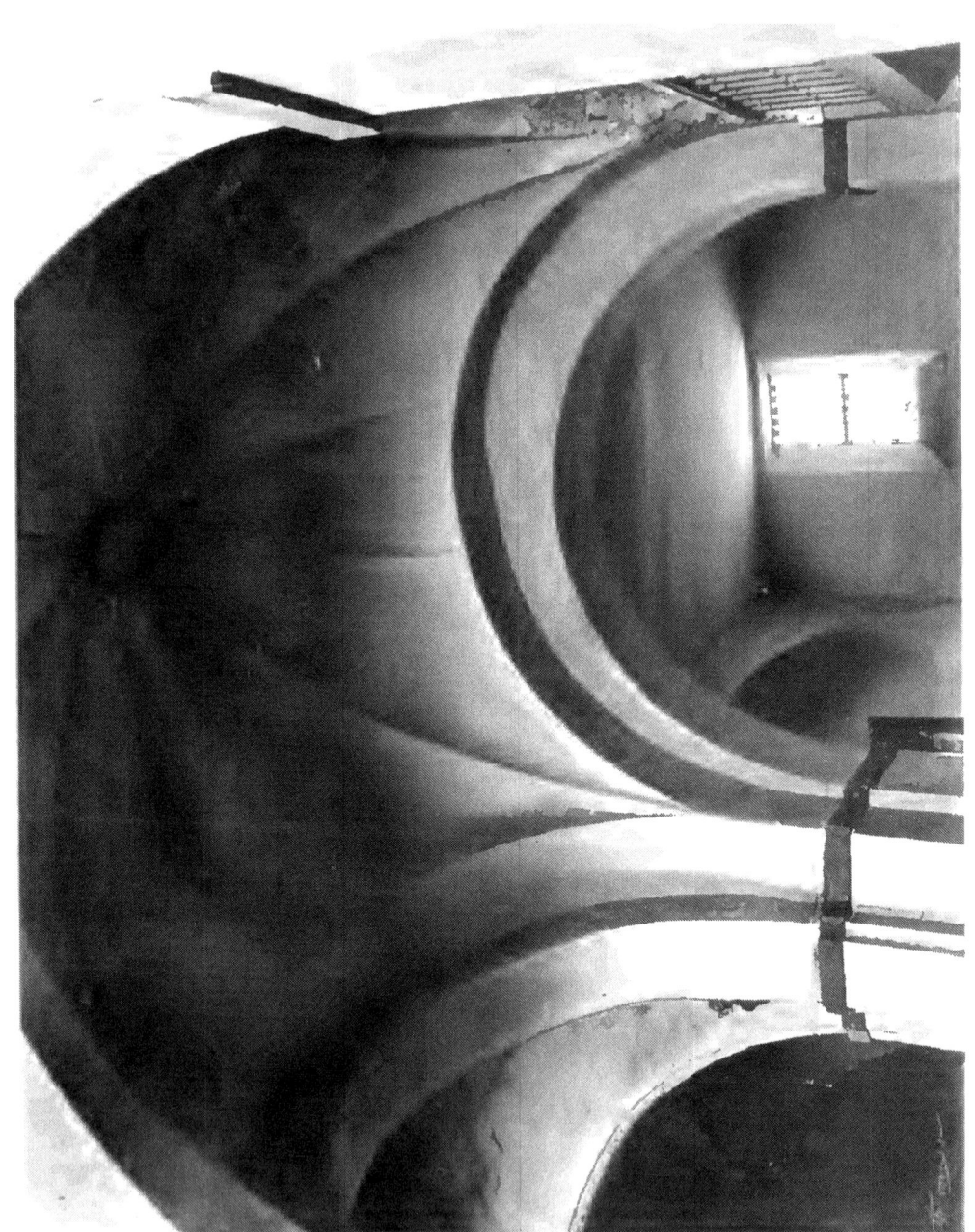

LEÓN: CRUCERO DE SAN SALVADOR DE PALAZ DE REY

SANTA MARÍA DE LEBEÑA: EXTERIOR, ANTES Y DESPUÉS DE LA RESTAURACIÓN.
(Fots. Urioste)

LEBEÑA: TESTERO, DESPUÉS DE LA RESTAURACIÓN

SANTA MARÍA DE LEBEÑA: INTERIOR

LEBEÑA: INTERIOR, ANTES DE LA RESTAURACIÓN. (Fot Torres Campos)

LEBEÑA: ARQUERÍAS INTERIORES

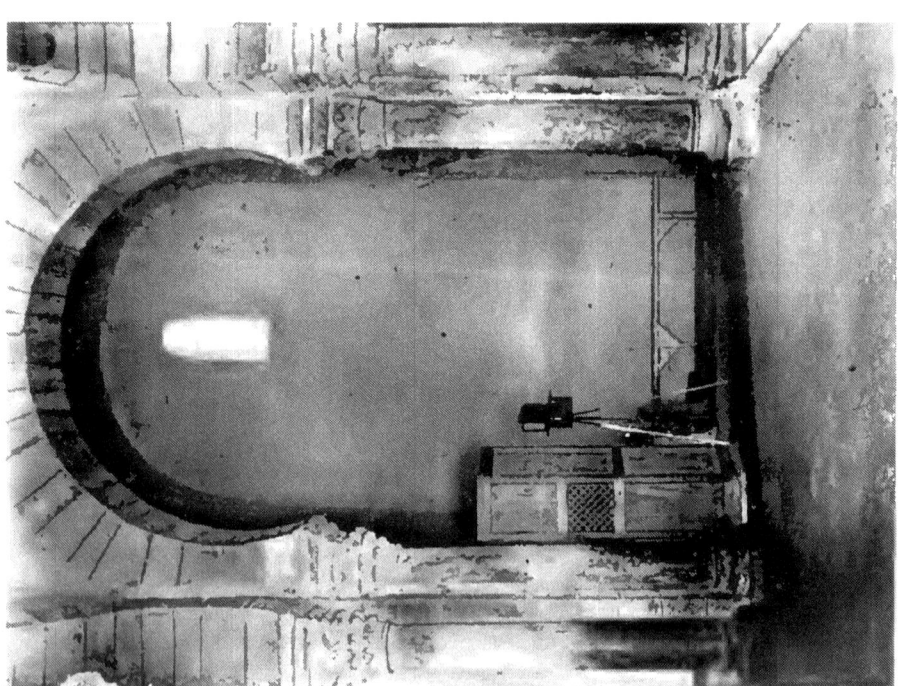

LEBEÑA: ARCO LATERAL. FRENTE A LA PUERTA. — ALERO DEL TEJADO; ÁNGULO DE NE.

SANTA MARÍA DE LEBEÑA: CAPITELES Y CIMACIOS

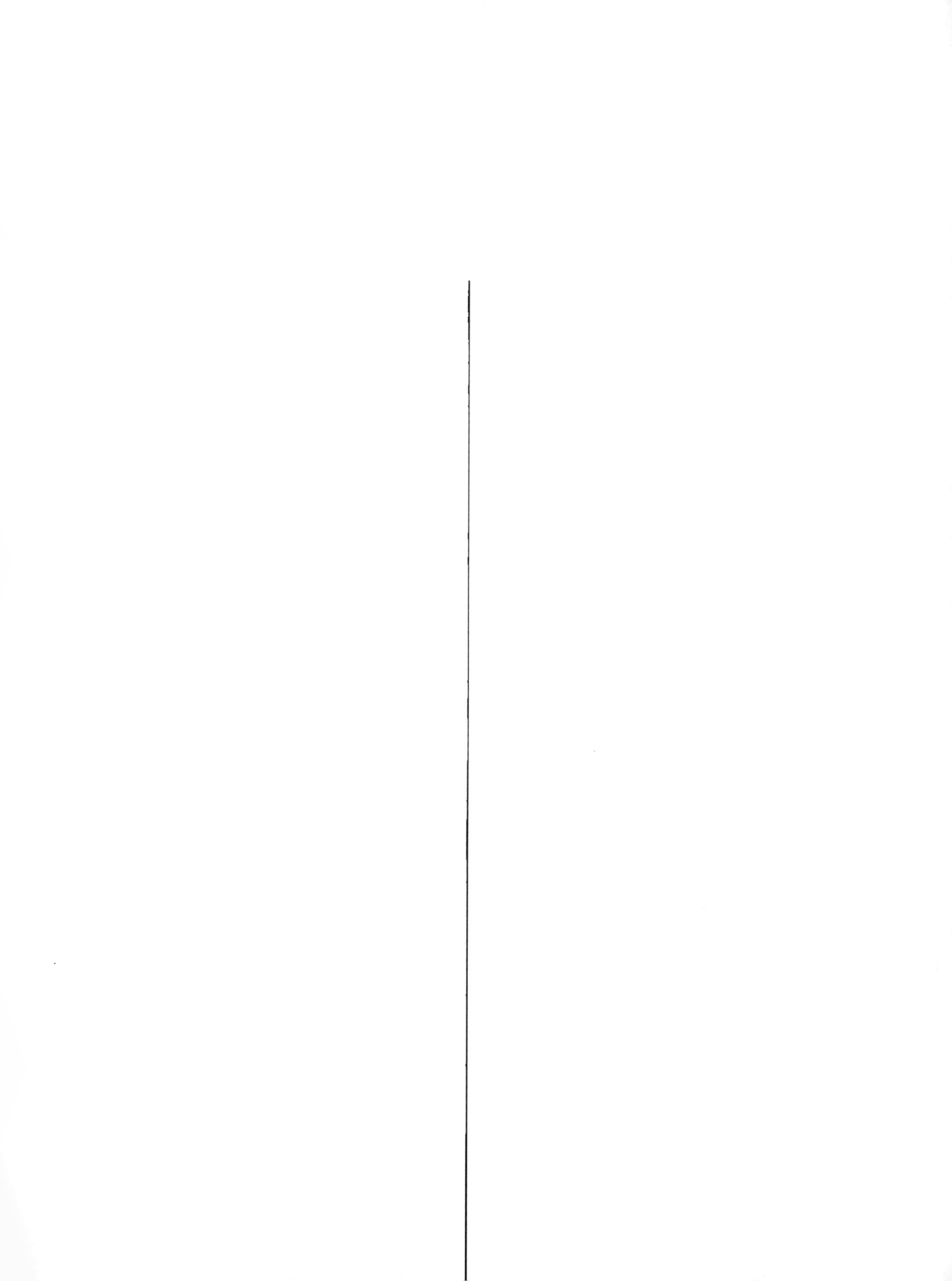

SANTA MARÍA DE LEBEÑA: CAPITEL

SAN ROMÁN DE MOROSO: EXTERIOR

SAN ROMÁN DE MOROSO: CABECERA

SAN ROMÁN DE MOROSO: INTERIOR

ARREDONDO: ERMITA DE SAN JUAN DE SOCUEVA. (Fot. Regil)

SAN MILLAN DE LA COGOLLA: INTERIOR DE LA IGLESIA DE SUSO

SAN MILLÁN DE LA COGOLLA: IGLESIA DE SUSO, DESDE LA CAPILLA MAYOR
(Fot. Fz. Santos)

SAN MILLÁN DE LA COGOLLA DE SUSO:
BÓVEDA DE LA CAPILLA MAYOR

SAN MILLÁN DE SUSO: ALERO DE SU CABECERA

SAN MILLÁN DE SUSO: MODILLONES DEL ALERO

SAN MILLÁN DE SUSO: COLUMNAS DE SU ENTRADA. (Fot. Fz. Santos)

SAN BAUDEL DE BERLANGA: INTERIOR, DESDE LA CABECERA

SAN BAUDEL DE BERLANGA: INTERIOR, DESDE LA TRIBUNA

SAN BAUDEL DE BERLANGA: ÁNGULO DE NE.

SAN BAUDEL DE BERLANGA: TRIBUNA. (Fot. Cabré.)

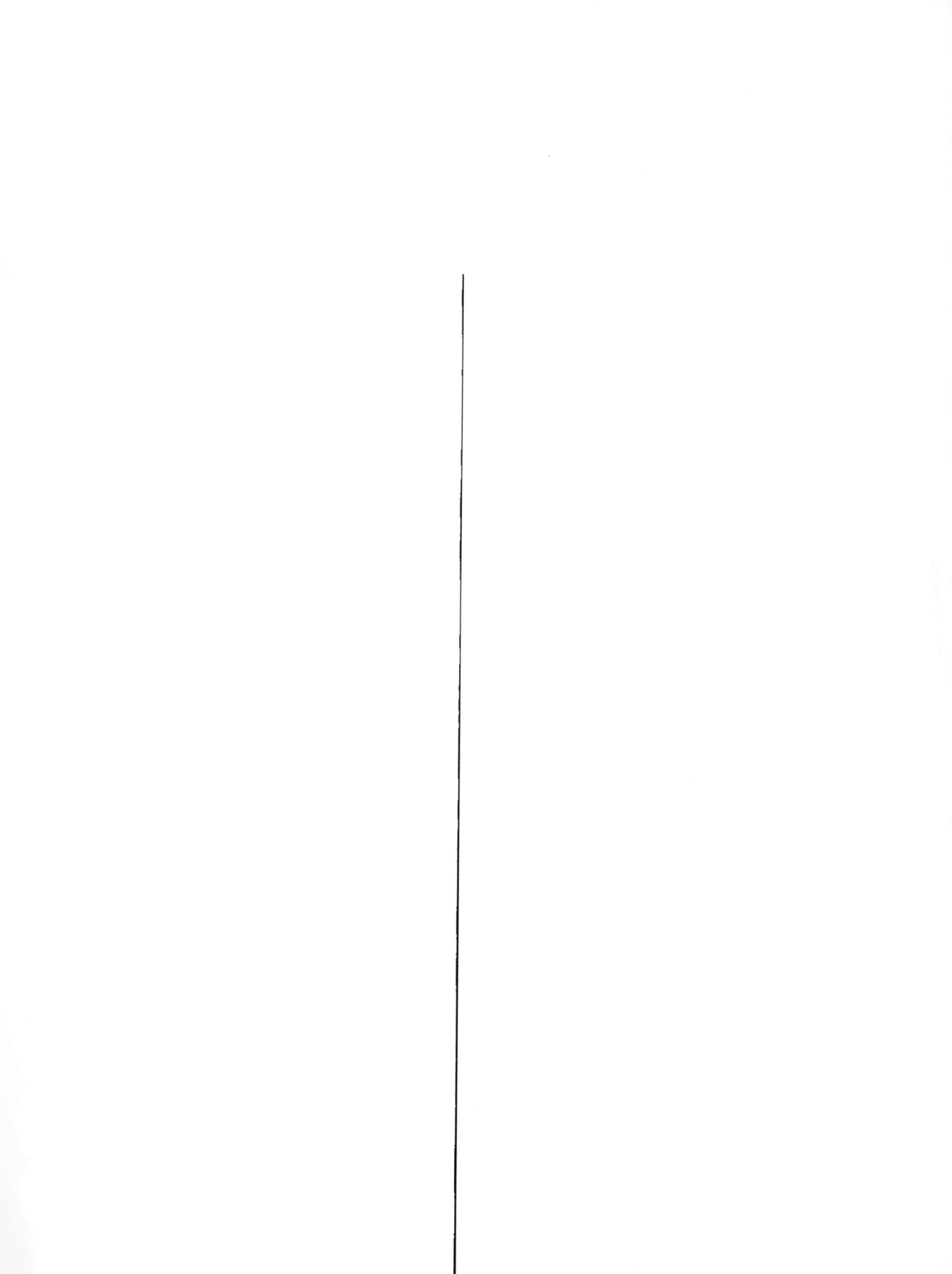

SAN BAUDEL DE BERLANGA: ARCO CENTRAL Y CAPILLA DE LA TRIBUNA. (Fot. y M. A. Álvarez)

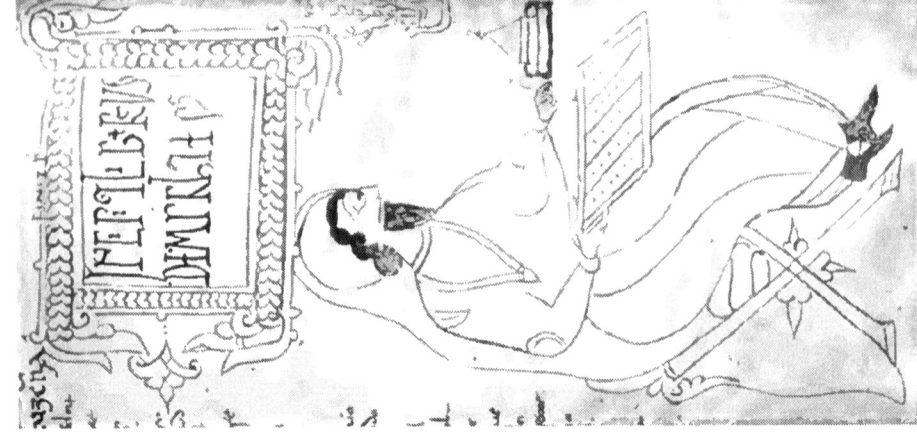

BIBLIA HISPALENSE: REPRESENTACIONES DE NAUM, MICEAS Y ZACARIAS, PROFETAS

CÓDICES TOLEDANOS: FIGURAS INICIALES Y MARGINALES

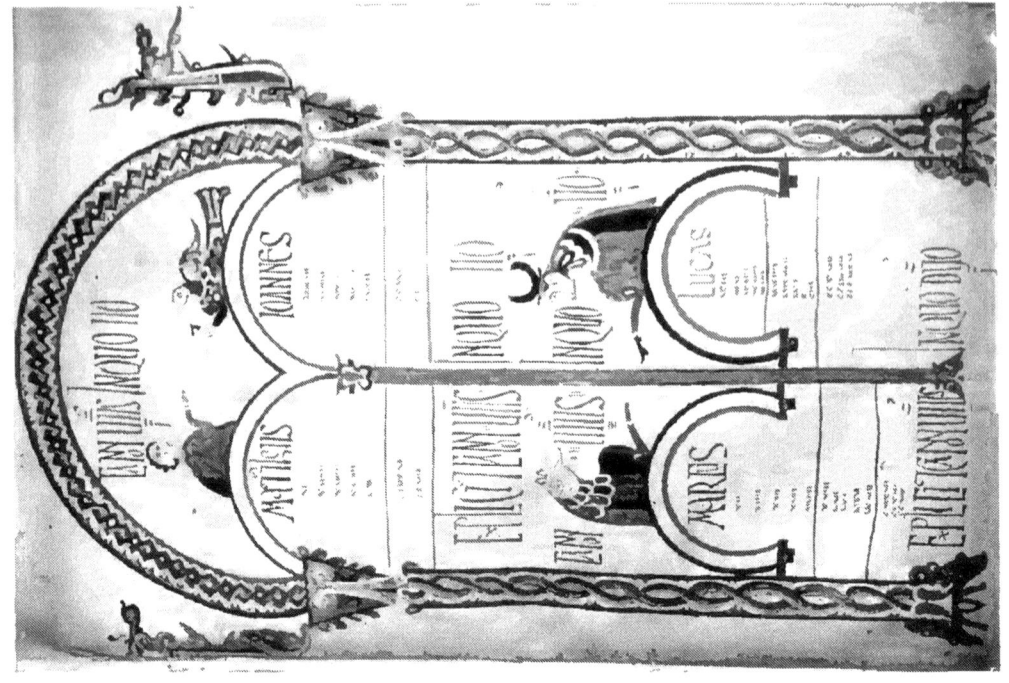

BIBLIA DE LA CATEDRAL DE LEÓN: ESCENAS EVANGÉLICAS Y DECORACIONES

CÓDICES CASTELLANOS: COLOFÓN DE LA BIBLIA DE S. ISIDRO Y ADORACIÓN DEL CORDERO

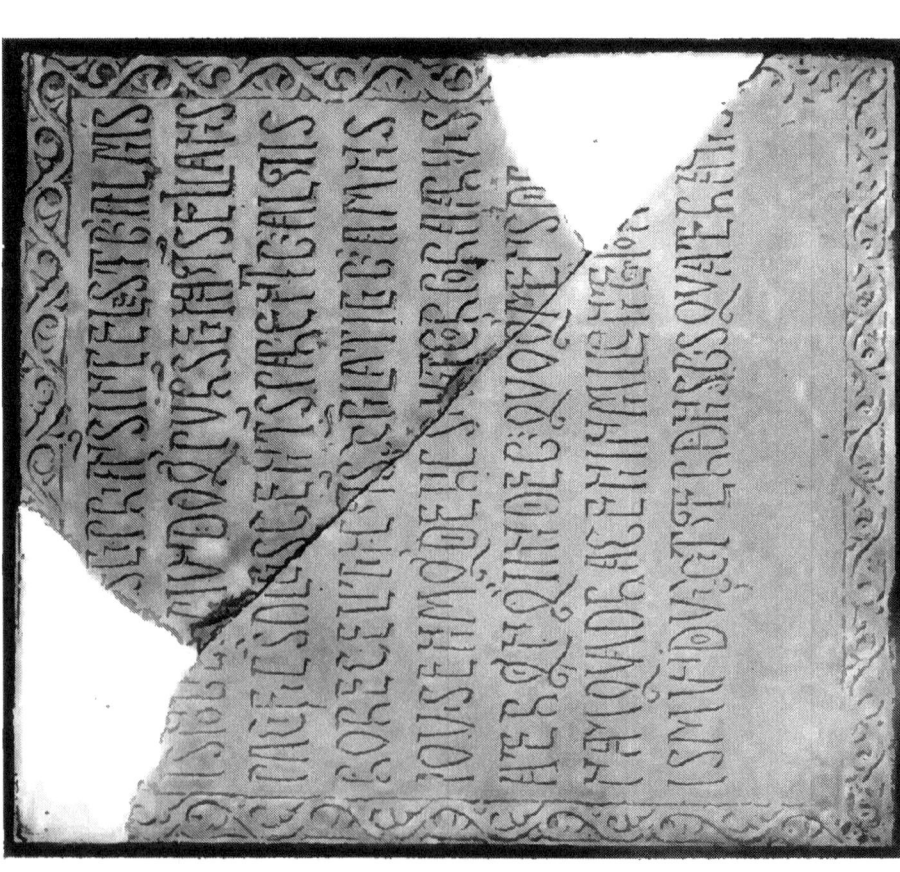

INSCRIPCIONES SEPULCRALES DE GRANADA, CÓRDOBA Y MÁLAGA

SAN ISIDRO DE LEÓN: PILA QUE SIRVE DE SARCÓFAGO

FRAGMENTOS DE CRUZ PROCESIONAL DE MARFIL: MUSEO DEL LOUVRE. (Fot. Anderson)

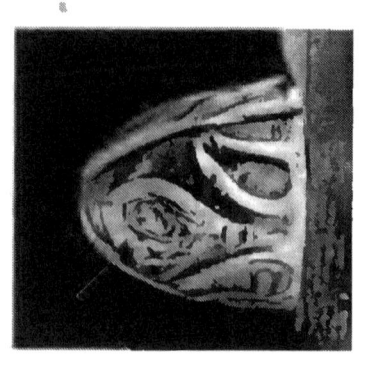

SAN MILLÁN DE LA COGOLLA:

CATEDRAL DE ASTORGA: PEDOMA DE CRISTAL

CATEDRAL DE OVIEDO: CRUZ DE LA VICTORIA: ANVERSO

CATEDRAL DE ASTORGA. CAJA DE ALFONSO EL MAGNO: COSTADO Y SOLERO

CATEDRAL DE OVIEDO. CAJA DE LAS ÁGATAS: TAPA

CATEDRAL DE OVIEDO. CAJA DE LAS ÁGATAS: SOLERO

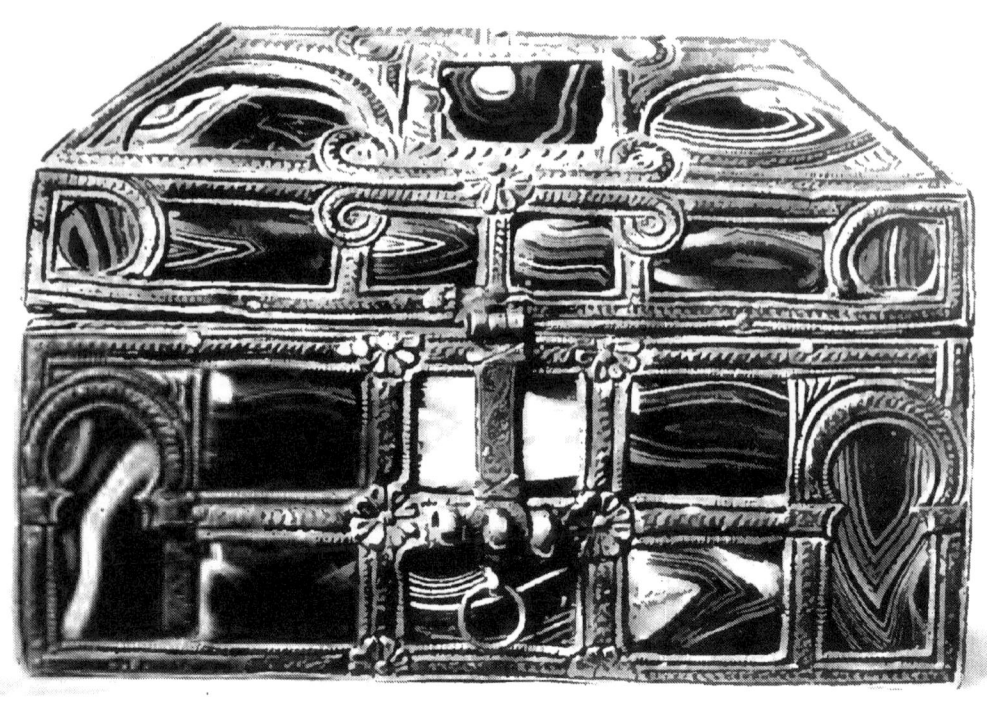

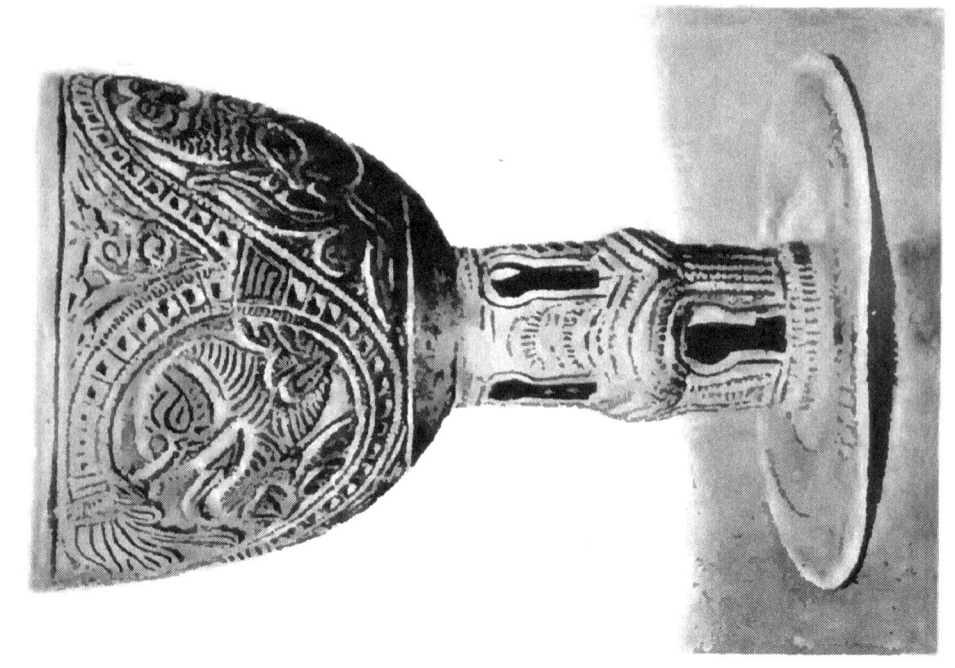

CATEDRAL DE BRAGA: COPA DE S. GIRALDO. (Fot. Biel)

CAJA DE S. ISIDRO DE LEÓN: COSTADO

MONASTERIO DE SILOS: CÁLIZ DE STO. DOMINGO. (Fot. Vadillo)

CRUZ DE SANTIAGO DE PEÑALBA: ANVERSO Y REVERSO

CAMPANA DEL ABAD SAMSON: MUSEO DE CÓRDOBA

CANDIL DE BRONCE: COLECCIÓN G.-M.

CANDIL SALOMÓNICO DE BRONCE: MUSEO ARQUEOLÓGICO NACIONAL

AGUAMANIL SALOMÓNICO: MUSEO DEL LOUVRE

LÁMPARA DE LA MEZQUITA DE ELVIRA: MUSEO DE GRANADA

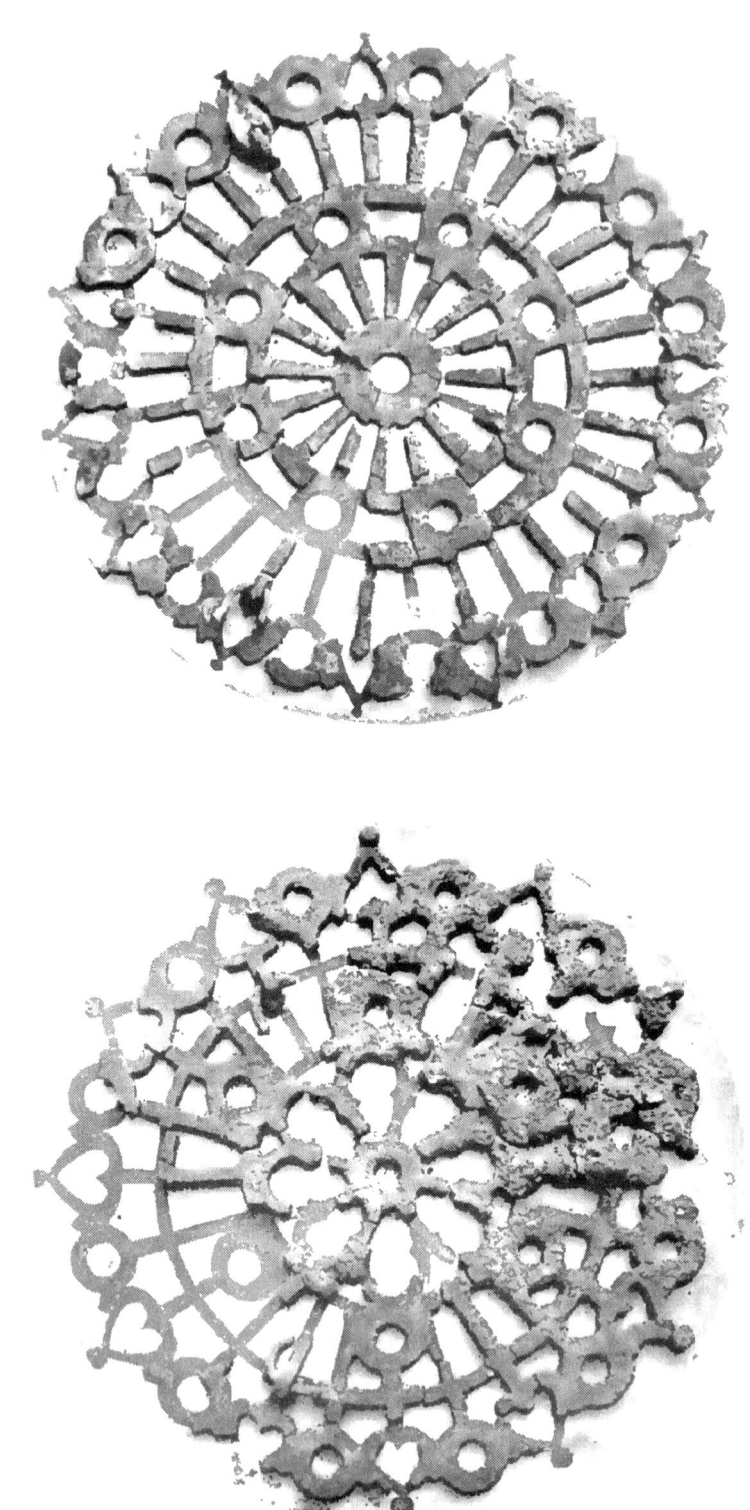

PLATILLOS DE LÁMPARAS DE LA MEZQUITA DE ELVIRA

TELAS LEONESAS CON LABOR DE TAPICERÍA

Lightning Source UK Ltd.
Milton Keynes UK
UKHW030635160920
370007UK00006B/453